Su Doku

Book 3

THE TIMES

Su Doku

The Number-Placing Puzzle

Book 3

Compiled by Wayne Gould

First published in 2005 by Times Books

HarperCollins Publishers
77–85 Fulham Palace Road
London
W6 8JB

www.collins.co.uk

© 2005 Wayne Gould

6

The Times is a registered trademark of Times Newspapers Ltd

ISBN 0–00–721426–X

A catalogue record for this book is available from
the British Library.

Printed and bound in Great Britain by Clays Ltd, St Ives plc.

Book design by Susie Bell.

Contents

Tips from the compiler   vii-ix

Puzzles
Easy   1–4
Mild   5–30
Difficult   31–75
Fiendish   76–100

Solutions

			6				7	
7			1	4	5	6		
2			B	C	3		4	
		1	3			8		D
	6	A		8			9	
		9			7	5		
	7		8					6
		2	7	5	4			8
	5				1			

Tips from the compiler

Where to begin? Anywhere you can!

You could just guess where the numbers go. But
if you guessed wrong – and the odds are that you
would – you would get yourself in an awful mess.
You would be blowing away eraser-dust for hours.
It's more fun to use reason and logic to winkle
out the numbers' true positions.

Here are some logic techniques to get you started.

Look at the 7s in the leftmost stack of three boxes. There's a 7 in the top box and a 7 in the bottom box, but there's no 7 in the middle box. Bear in mind that the 7 in the top box is also the 7 for all of the first column. And the 7 in the bottom box is also the 7 for all of the second column. So the 7 for the middle box cannot go in columns 1 and 2. It must go in column 3. Within the middle box, column 3 already has two clues entered. In fact, there's only one free cell. That cell (marked A) is the only one that can take the 7.

That technique is called slicing. Now for slicing-and-dicing.

Look at the 7s in the band across the top of the grid. The leftmost box has its 7 and so does the rightmost box, but the middle box doesn't have its 7 yet. The 7 in the righthand box accounts for all of the top row. The 7 in the lefthand box does the same for the second row, although in fact the second row of the middle box is all filled up with clues, anyway. Using our slicing technique, we know that the 7 must go in cell B or cell C.

It's time to look in the other direction. Look below the middle box, right down to the middle box at the bottom of the grid. That box has a 7, and it's in column 4. There can be only one of each number in a column, so that means the 7 for the top-middle box cannot go in cell B. It must go in cell C.

The numbers you enter become clues to help you make further progress. For example, look again at the 7 we added to cell A. You can write the 7 in, if you like, to make it more obvious that A is now 7. Using slicing-and-dicing, you should be able to add the 7 to the rightmost box in the middle band. Perhaps D stands for Destination.

If you have never solved a Su Doku puzzle before, those techniques are all you need to get started. However, as you get deeper into the book, especially as you start mixing it with the Difficult puzzles, you will need to develop other skills. The best skills – the ones you will remember, without anyone having to explain them ever again – are the ones you discover for yourself. Perhaps you may even invent a few that no one has ever described before.

Puzzles

Easy

8			5			3	2	
7		3	1			4		
1	2				9			8
6	5			9	3		8	
	9						1	
	8		6	2			9	3
2			4				6	7
		6			8	1		2
	7	4			6			5

7	1				5			6
		9	2	6			3	4
		2	9			8		
5				4		6	2	
1			7		3			9
	8	3		5				7
		5			8	3		
4	3			7	2	9		
9			4				5	1

	1				7	5	4	
4			8	5				7
6		5		3		1		
7			5		6		3	
	2	4				8	6	
	8		1		2			9
		9		7		4		5
8				1	9			6
	4	3	6				7	

9		2		7		8		
		4			9		6	
1	3		5					2
4			8	5			1	
	8	9	4		1	6	7	
	1			3	6			8
8					2		3	6
	5		6			9		
		7		4		2		1

Mild

						3		
	8				3			9
	2	4		7			8	6
9					5	4		8
			4		2			
1		6	9					5
5	6			3		1	4	
4			5				9	
		7						

					2	1		
	6	9		4			7	
4				1			6	
3			8		5			
	9	1				7	3	
			9		1			5
	7			5				2
	3			2		4	1	
		2	4					

Mild

3	5		1	8			2	
			7				1	9
						7		
		4	8		1		7	
9				4				8
	8		6		2	9		
		5						
8	9				5			
	3			2	7		5	6

	1						2	
		5	4		1	9		
8		6		9		7		5
7			3		4			6
	2						7	
4			7		9			1
9		7		5		3		8
		2	6		8	1		
	8						5	

7		8		1		9		4
	3	2				6	7	
4			1		9			7
		6	2		8	4		
2			5		3			8
	9	3				2	1	
6		7		9		5		3

1									4	9
				8						
8	2			7				6	1	3
						9		5		6
	6								8	
5		9		6						
4	8	5				7			9	2
						2				
7	9									4

Mild

		8	2	7	1	6		
		6				8		
7								5
2			1		3			6
3	5		6		9		4	7
8			7		5			3
1								4
		5				3		
		9	8	5	7	1		

		3	4		8	2		
	7		1		2		4	
	1						6	
3				4				6
7		2				8		5
5				2				3
	3						5	
	5		6		7		3	
		9	5		4	1		

Mild

		9				1		
5				7				4
		7	9	1	5	8		
9		2				4		8
	7		2		8		3	
3		5				2		7
		8	3	9	4	7		
4				6				9
		6				3		

	9			1		2	5	
		7				8		
			9		8			3
	4			8	6			2
		1				6		
9			4	2			1	
6			8		5			
		8				9		
	5	2		7			3	

1			2				7	3
6				7	9			
		4				5		
	9		1		3			8
	8						4	
3			6		2		1	
		7				1		
			9	5				7
8	3				7			5

5	2						3	6
		1	8		6	4		
		7		4		5		
	4		6		3		8	
		2				9		
	5		4		1		6	
		6		3		2		
		8	2		7	6		
2	7						1	4

Mild

7				6				5
3	2	4				6	9	8
	6						2	
		7	3		4	8		
			1		6			
		6	9		2	5		
	3						5	
6	4	2				7	8	3
1				2				9

Su Doku

			6	1				
				8		4	9	6
6	9							7
7		6					8	
1	5						3	9
	2					7		4
2							7	8
8	6	1		9				
				6	3			

Mild

	1	4				3		
			8			9	4	
2				6		5		8
					5		9	
	7	1				2	8	
	6		9					
1		5		2				4
	2	3			8			
		9				8	6	

5	6	4			1			
					9	8		6
				3	4			
7				4			8	3
	5						9	
1	2			8				5
			4	7				
8		2	5					
			2			5	3	7

			3					8
5	3		7					4
		4			8	2		9
	5	1						
	9						8	
						3	5	
4		7	8			6		
6					2		1	7
3					4			

	1	3				5	7	
9			5		6			1
6								3
	7			8			5	
1		9		6		8		7
	6			4			3	
8								2
2			8		7			5
	3	6				9	1	

Mild

2	5	8						9
			9	1				2
				8				7
		4		8			9	
	7		1	6	3		4	
	2			9		5		
3			4					
1				7	5			
7						1	2	6

	1				3	6		8
			1					5
		3		2		9		4
3		2	5					
8								2
				4	1			3
1		7		5		8		
2				9				
9		5	3				7	

4	6	9						
5	3				7	8		
			2				6	
			7	1	3			8
8								3
6			5	4	8			
	2				9			
		4	6				5	7
						2	3	9

	3	6	1					
				7				3
		7	5	4		2		1
						7		5
	7	3				8	1	
2		8						
7		2		1	9	4		
6				2				
					6	1	5	

			3		4			9
1			3		4			9
	7	3	5	9	2	6	8	
		9		4		1		
6		8				7		5
		4		7		8		
	6	2	1	8	9	4	3	
9			7		3			8

	7						5	
		8				9		
4			2		1			8
2	8		4	5	3		9	7
1	3		6	8	7		4	2
6			5		9			3
		1				4		
	5						6	

Mild

			3			9		
					6	1		
	6	7	9	5				8
2				9			5	3
3								9
8	1			6				7
1				2	8	7	3	
		2	6					
		3			5			

				5				9
	5				7	2		
					8	6	5	
9		4	7					
	6	8	4		1	9	7	
					6	8		5
	7	1	8					
		6	5				9	
4				3				

Difficult

7								9
			1	8	3			
5	3						6	4
	6		9		8		3	
1								5
	5		2		7		4	
3	7						1	8
			8	2	6			
6								2

	2							
		9	6	3		5	8	
					7			
9				4				3
1			8		5			9
7				2				6
			4					
	3	5		9	2	4		
							7	

Difficult

	3		7					1
						7	2	
	4			6	1		9	
		5				6		3
			6		4			
6		1				2		
	6		1	2			7	
	9	8						
1					9		8	

			2	8	5		3	
	4						9	
8				7				
2					6			
5		4				1		9
			1					4
				4				2
	7						4	
	1		5	2	8			

			5			6		
			9				2	
1	5	2				9		
		9		2				8
			4		8			
6				7		3		
		7				1	8	6
	2				7			
		8			5			

		8	3		4	7		
3	7						9	8
9	6			2			7	5
				1				
5	4			9			3	6
4	2						8	7
		3	8		5	6		

Difficult

	8			4		6		
			2			7		8
9	6							
				6			5	
3			1		2			7
	4			3				
							9	1
5		2			9			
		8		2			4	

		9	5		2		8	
		1		8				9
	4					1		
1					6	4		
	9						1	
		4	1					2
		5				2		
7				5		6		
	2		4		8	7		

Difficult

9	8							
	7	1						2
		5		4				
	3	4			7			
	1		4		6		8	
			1			6	5	
				9		3		
7						8	2	
							6	7

				2			8	
		4			9	5	2	
		7	4	6			5	9
		3				1		
5	6			9	8	4		
	3	9	1			7		
	2			3				

	4	7	8					
8	1						6	7
								5
				4	3			
	5	4		7		1	8	
			5	9				
6								
5	3						9	1
					7	3	5	

	4			5			3	
9	5						1	2
		2				6		
8			5		6			9
1			7		4			5
		3				8		
2	8						9	7
	7			6			4	

Difficult

					9			
1		6			8			
				7	4	2		9
5							4	
		7	2		1	5		
	8							1
8		4	5	1				
			4			6		8
			7					

5		1				9		6
7				6				3
			7		2			
		3		1		5		
	5			8			4	
		8		2		7		
			8		6			
8				7				9
6		9				3		5

Difficult

	5		4			2		9
					5			4
	7			6				
9							5	8
		4		7		3		
8	2							7
				9			6	
6			7					
1		2			6		3	

		1				3		
		2				7		
			8	2	3			
2				9				6
	1		4		5		7	
3				7				4
			7	6	2			
		7				5		
		8				4		

9	3			6				5
	1						3	8
			8					
			5		2	8		
7								9
		2	1		4			
					1			
1	4						2	
5				2			8	7

		7			4			8
		8						3
			6	1	2			
				4			7	
2		4				3		9
	9			2				
		6	1	9				
5						8		
9			7			6		

	3							5
	8	9		3		1		
2								
9					7	5		6
		6		5				
5		2	3					4
								9
		7		1		2	3	
6							5	

	9							3
2		3			1			
1	7			9	8			
		4						
9			6		3			4
					5			
			4	2			3	6
			9			4		2
6							1	

				1				4
			9	8		7	2	
					4		5	
		7						6
8	6			5			7	1
2						8		
	7		3					
	3	9		4	8			
5				2				

6	8							
	1		7	4	2	6		
		3						
			2					7
8	7		4		5		3	2
4					8			
						3		
		1	8	9	6		7	
							1	4

	8		9		4		1	
		3		7		2		
			6		8			
7				1				2
		2				7		
3				5				1
			8		7			
		1		4		5		
	6		1		5		2	

	9	4						
1			7	9				
		3		8	6			1
9	2						3	
				7				
	8						2	5
4			5	2		9		
				6	1			3
						6	4	

		1	4				8	
	5			1				
	2				3			7
8				5		4		
3								1
		7		9				8
6			7				2	
				3			6	
	3				6	9		

1					9			8
		7				3	9	
		4		7				
		5	2				4	
9								5
	2				8	6		
				1		2		
	5	9				7		
6			8					9

3		2	9					
		8						9
					1		6	
				3	9		7	6
	5						8	
1	3		8	5				
	9		2					
7						4		
					6	1		3

			4		5			
7	9						3	6
	8			3			9	
	4			7			5	
6		2				1		8
	7			8			2	
	6			2			8	
3	2						4	9
			8		9			

Difficult

		3				1		
	7	1	9		8	3	5	
				5				
	6		8		4		3	
4								1
	1		6		5		9	
				3				
	9	8	2		1	7	4	
		6				2		

8								6
3	2						4	8
			1		9			
	1		2		8		5	
		8		9		6		
	5		6		1		8	
			3		7			
5	4						3	2
9								1

		6		7		8		
	7	8	6		1	5	2	
	3		4		5		1	
4								2
	9		3		2		6	
	5	2	1		3	6	9	
		3		2		1		

2				5				
	3		6			5		
1		6		3				
3		7			9			
		8		6		2		
			8			4		7
				2		8		5
		5			3		7	
				9				6

		8	3		1	9		
			7		5			
	6						7	
7		4				8		9
2			4		6			5
6		1				2		3
	1						2	
			1		8			
		5	9		7	1		

2	3		7				1	
						4		
	6			4			5	
		9			3			5
			9		8			
8			5			9		
	7			2			3	
		6						
	2				5		8	1

			5		7			
		1				4		
4	6			1			9	5
8			1		9			7
		7				5		
2			3		5			4
1	2			9			4	6
		8				9		
			8		1			

3		8						6
					1			
			6	5				7
	8			4		6		
		2	9		7	1		
		7		2			9	
4				7	6			
			4					
9						3		5

8					3			9
					8	4		2
6	3			1				
						8	9	
		5				6		
	7	3						
				6			2	1
4		7	2					
3			7					6

	6		3		9		1	
		3		7		8		
			4		5			
7		2				5		9
	5						6	
6		1				2		7
			2		6			
		8		1		6		
	4		8		3		2	

Difficult

		7			4			
					5			
5	6					1		9
2	8		7					
9		4				3		6
					1		9	8
7		2					3	1
			6					
			4			7		

		7			2			
5	8				7			
	4		8			6		7
6	9	2						
				3				
						2	9	1
7		3			4		5	
			7				8	9
			6			4		

					5	1		7
4	9							
		8	2	9				
	5			6				
1			7		8			3
				3			2	
				1	6	9		
							6	8
8		5	9					

7			3	6				
5								
	9		2		4			6
			8				7	9
	6						1	
4	7				5			
8			1		3		4	
								2
				9	7			3

Difficult

1		7	2				8	3
		8			9		6	
			7	9			3	
		1				2		
	8			5	2			
	2		5			4		
6	4				1	7		2

		1			2		4	
3			5			6		
	9							7
9				1			8	
			2	4	8			
	2			6				3
4							3	
		3			1			8
	5		7			9		

4		5				1		9
	1				9		3	
			6					
6	7			5				
	8		2		6		9	
				9			1	5
					8			
	5		9				2	
1		3				4		6

Fiendish

8		1				5		
2					9		4	
5	3							
			2	9				
		4				1		
				4	1			
							9	2
	5		7					8
		8				4		3

		1						
		3	2					4
9				3			2	
		7			5		1	3
		9				8		
3	5		6			9		
	9			4				6
4					8	5		
						3		

Fiendish

5			6					
8					3	7	6	
		2			1			
				3		5	7	1
2	7	5		6				
			2			3		
	3	1	4					2
					9			6

9			2					6
1			5			7		
	8	3						
				3		8		
3			7		1			9
		9		5				
						1	9	
		1			2			8
2					8			5

Fiendish

		4				7		1
				3				
	7			8	5			
			5					3
	8	5		2		6	7	
6					8			
			2	4			3	
				9				
4		9				8		

6	5			9			2	
					7			
2		9						
		7			4			
		5	7		6	8		
			2			1		
						3		7
			6					
	3			1			9	8

		1						
5				4				
	2		3	1	8			
	8	6	2					4
	7						5	
4					3	8	6	
			4	8	6		9	
				9				2
						7		

1				5			4	3
		8	2				1	
	5					6		
					1		9	
4								7
	2		3					
		4					8	
	9				7	5		
8	7			2				4

Fiendish

			6			9		
	4		5	1				6
	9			8	2			
5		2						
3								1
						8		2
			1	9			4	
6				2	3		5	
		9			6			

Su Doku

		4	6		5	8		
		4	6		5	8		
8		2				5		1
3			2		8			7
			4		6			
2			5		1			6
7		6				4		9
		8	3		9	6		

Fiendish

			4	7	5			
4			2		8			9
	7						2	
3								1
	1	5				3	4	
2								8
	6						8	
1			3		7			4
			8	1	2			

8					2		4	
				8				3
						1	6	
							3	1
		5	9	6	7	2		
2	4							
	3	1						
6				9				
	5		1					7

Fiendish

9		4					2	
		5	9					
	2				8			6
		9					5	8
				8				
6	4					1		
1			2				9	
					1	7		
	7					6		4

		3				1		
5	8						4	2
			9		7			
	4			3			1	
			2	8	4			
	2			7			3	
			6		8			
7	1						6	3
		8				5		

Fiendish

	8	3	1				5	
						2	6	
5			9	4				
9	7							
			2		3			
							7	8
			8	1				9
	4	6						
	3				4	6	1	

					9		3	
		8		1				7
	6			3				2
7	9		5					
		4				1		
					8		4	5
4				5			2	
6				4		5		
	5		3					

2			9		1			3
5								7
			4		8			
	6						4	
			1	3	5			
	8						9	
			3		9			
8								6
9			5		2			8

1			6		8			2
							3	
4	3	6	1					
		5					9	
			4		2			
	4					8		
					9	1	7	5
	9							
6			2		7			9

		6	7		3	5		
8				1				9
	4						8	
		2				7		
		9	2	4				
		4				9		
	2						1	
7				4				3
		9	1		6	4		

						7	8	
	6		7	1			4	
5				2				
		2			1			
	8		5		2		3	
			4			6		
				8				1
	4			9	7		2	
	3	6						

Fiendish

	3		1		4		5	
	4	7		6		8	3	
6			8		2			7
4			7		9			2
	7	5		3		6	2	
	8		9		7		1	

8			2	1				
			4			1	9	
		7						
6					8	9		3
3								5
7		8	6					1
						8		
	1	3			5			
				6	4			7

		2		9	3		8	
	7	4			6			
			4				5	
							2	
		1	3		8	5		
	9							
	6				4			
			9			8	7	
	5		8	7		2		

1			5					
6			2	1		5		
			8		9			2
		8				3		
		7				1		
		5				9		
4			3		8			
		3		2	1			9
					4			7

3	6	1			4			
			3					6
	7							9
		2		1			5	
		9				6		
	5			2		8		
6							1	
8					7			
			9			5	6	4

Solutions

1

8	4	9	5	6	7	3	2	1
7	6	3	1	8	2	4	5	9
1	2	5	3	4	9	6	7	8
6	5	1	7	9	3	2	8	4
3	9	2	8	5	4	7	1	6
4	8	7	6	2	1	5	9	3
2	1	8	4	3	5	9	6	7
5	3	6	9	7	8	1	4	2
9	7	4	2	1	6	8	3	5

2

7	1	4	3	8	5	2	9	6
8	5	9	2	6	7	1	3	4
3	6	2	9	1	4	8	7	5
5	9	7	8	4	1	6	2	3
1	4	6	7	2	3	5	8	9
2	8	3	6	5	9	4	1	7
6	7	5	1	9	8	3	4	2
4	3	1	5	7	2	9	6	8
9	2	8	4	3	6	7	5	1

3

9	1	8	2	6	7	5	4	3
4	3	2	8	5	1	6	9	7
6	7	5	9	3	4	1	8	2
7	9	1	5	8	6	2	3	4
5	2	4	7	9	3	8	6	1
3	8	6	1	4	2	7	5	9
2	6	9	3	7	8	4	1	5
8	5	7	4	1	9	3	2	6
1	4	3	6	2	5	9	7	8

4

9	6	2	1	7	3	8	5	4
5	7	4	2	8	9	1	6	3
1	3	8	5	6	4	7	9	2
4	2	6	8	5	7	3	1	9
3	8	9	4	2	1	6	7	5
7	1	5	9	3	6	4	2	8
8	4	1	7	9	2	5	3	6
2	5	3	6	1	8	9	4	7
6	9	7	3	4	5	2	8	1

7	9	1	8	5	6	3	2	4
6	8	5	2	4	3	7	1	9
3	2	4	1	7	9	5	8	6
9	7	2	3	1	5	4	6	8
8	5	3	4	6	2	9	7	1
1	4	6	9	8	7	2	3	5
5	6	9	7	3	8	1	4	2
4	3	8	5	2	1	6	9	7
2	1	7	6	9	4	8	5	3

7	5	3	6	9	2	1	8	4
1	6	9	5	4	8	2	7	3
4	2	8	3	1	7	5	6	9
3	4	6	8	7	5	9	2	1
5	9	1	2	6	4	7	3	8
2	8	7	9	3	1	6	4	5
6	7	4	1	5	3	8	9	2
8	3	5	7	2	9	4	1	6
9	1	2	4	8	6	3	5	7

7

3	5	7	1	8	9	6	2	4
2	4	8	7	3	6	5	1	9
6	1	9	2	5	4	7	8	3
5	6	4	8	9	1	3	7	2
9	7	2	5	4	3	1	6	8
1	8	3	6	7	2	9	4	5
7	2	5	3	6	8	4	9	1
8	9	6	4	1	5	2	3	7
4	3	1	9	2	7	8	5	6

8

3	1	9	5	7	6	8	2	4
2	7	5	4	8	1	9	6	3
8	4	6	2	9	3	7	1	5
7	9	1	3	2	4	5	8	6
6	2	3	8	1	5	4	7	9
4	5	8	7	6	9	2	3	1
9	6	7	1	5	2	3	4	8
5	3	2	6	4	8	1	9	7
1	8	4	9	3	7	6	5	2

9

7	5	8	6	1	2	9	3	4
1	6	4	9	3	7	8	5	2
9	3	2	4	8	5	6	7	1
4	8	5	1	6	9	3	2	7
3	1	6	2	7	8	4	9	5
2	7	9	5	4	3	1	6	8
8	9	3	7	5	4	2	1	6
5	4	1	3	2	6	7	8	9
6	2	7	8	9	1	5	4	3

10

1	5	7	2	3	6	8	4	9
9	3	6	8	1	4	2	7	5
8	2	4	7	9	5	6	1	3
3	4	8	1	7	9	5	2	6
2	6	1	4	5	3	9	8	7
5	7	9	6	2	8	4	3	1
4	8	5	3	6	7	1	9	2
6	1	3	9	4	2	7	5	8
7	9	2	5	8	1	3	6	4

11

5	4	8	2	7	1	6	3	9
9	2	6	5	3	4	8	7	1
7	1	3	9	6	8	4	2	5
2	9	7	1	4	3	5	8	6
3	5	1	6	8	9	2	4	7
8	6	4	7	2	5	9	1	3
1	8	2	3	9	6	7	5	4
6	7	5	4	1	2	3	9	8
4	3	9	8	5	7	1	6	2

12

9	6	3	4	5	8	2	7	1
8	7	5	1	6	2	3	4	9
2	1	4	9	7	3	5	6	8
3	9	1	8	4	5	7	2	6
7	4	2	3	9	6	8	1	5
5	8	6	7	2	1	4	9	3
1	3	7	2	8	9	6	5	4
4	5	8	6	1	7	9	3	2
6	2	9	5	3	4	1	8	7

13

8	3	9	4	2	6	1	7	5
5	2	1	8	7	3	6	9	4
6	4	7	9	1	5	8	2	3
9	6	2	1	3	7	4	5	8
1	7	4	2	5	8	9	3	6
3	8	5	6	4	9	2	1	7
2	5	8	3	9	4	7	6	1
4	1	3	7	6	2	5	8	9
7	9	6	5	8	1	3	4	2

14

8	9	3	7	1	4	2	5	6
5	1	7	3	6	2	8	4	9
2	6	4	9	5	8	1	7	3
7	4	5	1	8	6	3	9	2
3	2	1	5	9	7	6	8	4
9	8	6	4	2	3	5	1	7
6	3	9	8	4	5	7	2	1
4	7	8	2	3	1	9	6	5
1	5	2	6	7	9	4	3	8

15

1	5	8	2	6	4	9	7	3
6	2	3	5	7	9	4	8	1
9	7	4	8	3	1	5	6	2
7	9	6	1	4	3	2	5	8
2	8	1	7	9	5	3	4	6
3	4	5	6	8	2	7	1	9
5	6	7	3	2	8	1	9	4
4	1	2	9	5	6	8	3	7
8	3	9	4	1	7	6	2	5

16

5	2	4	1	7	9	8	3	6
3	9	1	8	5	6	4	2	7
6	8	7	3	4	2	5	9	1
7	4	9	6	2	3	1	8	5
1	6	2	7	8	5	9	4	3
8	5	3	4	9	1	7	6	2
9	1	6	5	3	4	2	7	8
4	3	8	2	1	7	6	5	9
2	7	5	9	6	8	3	1	4

7	8	1	2	6	9	3	4	5
3	2	4	7	1	5	6	9	8
5	6	9	4	3	8	1	2	7
2	9	7	3	5	4	8	1	6
4	5	3	1	8	6	9	7	2
8	1	6	9	7	2	5	3	4
9	3	8	6	4	7	2	5	1
6	4	2	5	9	1	7	8	3
1	7	5	8	2	3	4	6	9

4	8	7	6	1	9	3	5	2
3	1	2	7	8	5	4	9	6
6	9	5	3	2	4	8	1	7
7	4	6	9	3	2	1	8	5
1	5	8	4	7	6	2	3	9
9	2	3	1	5	8	7	6	4
2	3	9	5	4	1	6	7	8
8	6	1	2	9	7	5	4	3
5	7	4	8	6	3	9	2	1

19

8	1	4	5	9	7	3	2	6
3	5	6	8	1	2	9	4	7
2	9	7	3	6	4	5	1	8
4	3	8	2	7	5	6	9	1
9	7	1	4	3	6	2	8	5
5	6	2	9	8	1	4	7	3
1	8	5	6	2	9	7	3	4
6	2	3	7	4	8	1	5	9
7	4	9	1	5	3	8	6	2

20

5	6	4	8	2	1	3	7	9
2	3	1	7	5	9	8	4	6
9	8	7	6	3	4	1	5	2
7	9	6	1	4	5	2	8	3
4	5	8	3	6	2	7	9	1
1	2	3	9	8	7	4	6	5
3	1	5	4	7	6	9	2	8
8	7	2	5	9	3	6	1	4
6	4	9	2	1	8	5	3	7

21

9	6	2	3	4	1	5	7	8
5	3	8	7	2	9	1	6	4
1	7	4	5	6	8	2	3	9
7	5	1	2	8	3	9	4	6
2	9	3	4	5	6	7	8	1
8	4	6	1	9	7	3	5	2
4	2	7	8	1	5	6	9	3
6	8	5	9	3	2	4	1	7
3	1	9	6	7	4	8	2	5

22

4	1	3	9	2	8	5	7	6
9	2	7	5	3	6	4	8	1
6	8	5	4	7	1	2	9	3
3	7	2	1	8	9	6	5	4
1	4	9	3	6	5	8	2	7
5	6	8	7	4	2	1	3	9
8	5	1	6	9	3	7	4	2
2	9	4	8	1	7	3	6	5
7	3	6	2	5	4	9	1	8

23

2	5	8	3	4	7	6	1	9
4	3	7	9	1	6	8	5	2
9	6	1	2	5	8	4	3	7
6	1	4	5	8	2	7	9	3
5	7	9	1	6	3	2	4	8
8	2	3	7	9	4	5	6	1
3	8	6	4	2	1	9	7	5
1	9	2	6	7	5	3	8	4
7	4	5	8	3	9	1	2	6

24

5	1	9	4	7	3	6	2	8
4	2	8	1	9	6	7	3	5
6	7	3	8	2	5	9	1	4
3	9	2	5	6	1	4	8	7
8	4	1	9	3	7	5	6	2
7	5	6	2	8	4	1	9	3
1	3	7	6	5	2	8	4	9
2	8	4	7	1	9	3	5	6
9	6	5	3	4	8	2	7	1

25

4	6	9	3	8	1	7	2	5
5	3	2	4	6	7	8	9	1
7	1	8	2	9	5	3	6	4
2	9	5	7	1	3	6	4	8
8	4	1	9	2	6	5	7	3
6	7	3	5	4	8	9	1	2
3	2	7	1	5	9	4	8	6
9	8	4	6	3	2	1	5	7
1	5	6	8	7	4	2	3	9

26

4	3	6	1	9	2	5	7	8
1	2	5	6	7	8	9	4	3
8	9	7	5	4	3	2	6	1
9	6	4	8	3	1	7	2	5
5	7	3	2	6	4	8	1	9
2	1	8	9	5	7	6	3	4
7	5	2	3	1	9	4	8	6
6	8	1	4	2	5	3	9	7
3	4	9	7	8	6	1	5	2

27

2	9	6	8	1	7	3	5	4
1	8	5	3	6	4	2	7	9
4	7	3	5	9	2	6	8	1
7	5	9	6	4	8	1	2	3
6	2	8	9	3	1	7	4	5
3	1	4	2	7	5	8	9	6
5	6	2	1	8	9	4	3	7
9	4	1	7	2	3	5	6	8
8	3	7	4	5	6	9	1	2

28

9	7	2	8	3	4	6	5	1
3	1	8	7	6	5	9	2	4
4	6	5	2	9	1	7	3	8
2	8	6	4	5	3	1	9	7
5	4	7	9	1	2	3	8	6
1	3	9	6	8	7	5	4	2
6	2	4	5	7	9	8	1	3
8	9	1	3	2	6	4	7	5
7	5	3	1	4	8	2	6	9

29

5	2	1	3	8	7	9	6	4
9	3	8	2	4	6	1	7	5
4	6	7	9	5	1	3	2	8
2	7	6	1	9	4	8	5	3
3	5	4	8	7	2	6	1	9
8	1	9	5	6	3	2	4	7
1	9	5	4	2	8	7	3	6
7	4	2	6	3	9	5	8	1
6	8	3	7	1	5	4	9	2

30

6	8	7	2	5	3	4	1	9
1	5	9	6	4	7	2	3	8
2	4	3	9	1	8	6	5	7
9	3	4	7	8	5	1	6	2
5	6	8	4	2	1	9	7	3
7	1	2	3	9	6	8	4	5
3	7	1	8	6	9	5	2	4
8	2	6	5	7	4	3	9	1
4	9	5	1	3	2	7	8	6

31

7	2	1	4	6	5	3	8	9
9	4	6	1	8	3	2	5	7
5	3	8	7	9	2	1	6	4
2	6	4	9	5	8	7	3	1
1	9	7	6	3	4	8	2	5
8	5	3	2	1	7	9	4	6
3	7	2	5	4	9	6	1	8
4	1	9	8	2	6	5	7	3
6	8	5	3	7	1	4	9	2

32

5	2	6	9	8	4	1	3	7
4	7	9	6	3	1	5	8	2
3	1	8	2	5	7	6	9	4
9	8	2	1	4	6	7	5	3
1	6	3	8	7	5	2	4	9
7	5	4	3	2	9	8	1	6
6	9	7	4	1	8	3	2	5
8	3	5	7	9	2	4	6	1
2	4	1	5	6	3	9	7	8

33

8	3	9	7	4	2	5	6	1
5	1	6	9	8	3	7	2	4
2	4	7	5	6	1	3	9	8
4	8	5	2	9	7	6	1	3
9	2	3	6	1	4	8	5	7
6	7	1	8	3	5	2	4	9
3	6	4	1	2	8	9	7	5
7	9	8	4	5	6	1	3	2
1	5	2	3	7	9	4	8	6

34

1	9	6	2	8	5	4	3	7
7	4	5	3	6	1	2	9	8
8	2	3	9	7	4	5	6	1
2	8	1	4	9	6	7	5	3
5	6	4	8	3	7	1	2	9
9	3	7	1	5	2	6	8	4
6	5	8	7	4	3	9	1	2
3	7	2	6	1	9	8	4	5
4	1	9	5	2	8	3	7	6

35

8	9	4	5	3	2	6	7	1
3	7	6	9	4	1	8	2	5
1	5	2	7	8	6	9	3	4
7	4	9	6	2	3	5	1	8
2	1	3	4	5	8	7	6	9
6	8	5	1	7	9	3	4	2
5	3	7	2	9	4	1	8	6
9	2	1	8	6	7	4	5	3
4	6	8	3	1	5	2	9	7

36

1	5	4	9	8	7	2	6	3
2	9	8	3	6	4	7	5	1
3	7	6	1	5	2	4	9	8
9	6	1	4	2	3	8	7	5
8	3	7	5	1	6	9	4	2
5	4	2	7	9	8	1	3	6
4	2	9	6	3	1	5	8	7
7	1	3	8	4	5	6	2	9
6	8	5	2	7	9	3	1	4

Su Doku

2	8	7	5	4	3	6	1	9
4	1	5	2	9	6	7	3	8
9	6	3	8	7	1	5	2	4
8	2	1	7	6	4	9	5	3
3	5	9	1	8	2	4	6	7
7	4	6	9	3	5	1	8	2
6	7	4	3	5	8	2	9	1
5	3	2	4	1	9	8	7	6
1	9	8	6	2	7	3	4	5

6	7	9	5	1	2	3	8	4
5	3	1	6	8	4	2	7	9
8	4	2	3	9	7	1	6	5
1	5	8	9	2	6	4	3	7
2	9	7	8	4	3	5	1	6
3	6	4	1	7	5	8	9	2
4	8	5	7	6	1	9	2	3
7	1	3	2	5	9	6	4	8
9	2	6	4	3	8	7	5	1

39

9	8	2	3	7	1	5	4	6
4	7	1	8	6	5	9	3	2
3	6	5	9	4	2	1	7	8
6	3	4	5	8	7	2	9	1
5	1	9	4	2	6	7	8	3
8	2	7	1	3	9	6	5	4
2	4	6	7	9	8	3	1	5
7	5	3	6	1	4	8	2	9
1	9	8	2	5	3	4	6	7

40

9	5	2	8	4	3	6	1	7
3	1	6	5	2	7	9	8	4
8	7	4	6	1	9	5	2	3
2	8	7	4	6	1	3	5	9
4	9	3	2	7	5	1	6	8
5	6	1	3	9	8	4	7	2
6	3	9	1	8	2	7	4	5
1	2	5	7	3	4	8	9	6
7	4	8	9	5	6	2	3	1

41

3	4	7	8	6	5	9	1	2
8	1	5	2	3	9	4	6	7
2	9	6	7	1	4	8	3	5
7	6	8	1	4	3	5	2	9
9	5	4	6	7	2	1	8	3
1	2	3	5	9	8	6	7	4
6	7	9	3	5	1	2	4	8
5	3	2	4	8	6	7	9	1
4	8	1	9	2	7	3	5	6

42

6	4	7	1	5	2	9	3	8
9	5	8	6	4	3	7	1	2
3	1	2	8	9	7	6	5	4
8	3	4	5	2	6	1	7	9
7	2	5	3	1	9	4	8	6
1	6	9	7	8	4	3	2	5
4	9	3	2	7	5	8	6	1
2	8	6	4	3	1	5	9	7
5	7	1	9	6	8	2	4	3

43

4	7	2	1	5	9	8	3	6
1	9	6	3	2	8	4	7	5
3	5	8	6	7	4	2	1	9
5	6	1	8	3	7	9	4	2
9	4	7	2	6	1	5	8	3
2	8	3	9	4	5	7	6	1
8	2	4	5	1	6	3	9	7
7	1	5	4	9	3	6	2	8
6	3	9	7	8	2	1	5	4

44

5	2	1	4	3	8	9	7	6
7	8	4	1	6	9	2	5	3
3	9	6	7	5	2	8	1	4
2	4	3	6	1	7	5	9	8
1	5	7	9	8	3	6	4	2
9	6	8	5	2	4	7	3	1
4	3	5	8	9	6	1	2	7
8	1	2	3	7	5	4	6	9
6	7	9	2	4	1	3	8	5

45

3	5	6	4	8	7	2	1	9
2	8	9	1	3	5	6	7	4
4	7	1	2	6	9	5	8	3
9	6	7	3	2	4	1	5	8
5	1	4	9	7	8	3	2	6
8	2	3	6	5	1	9	4	7
7	3	8	5	9	2	4	6	1
6	4	5	7	1	3	8	9	2
1	9	2	8	4	6	7	3	5

46

4	6	1	9	5	7	3	2	8
8	3	2	6	1	4	7	9	5
7	5	9	8	2	3	6	4	1
2	7	4	3	9	1	8	5	6
9	1	6	4	8	5	2	7	3
3	8	5	2	7	6	9	1	4
5	4	3	7	6	2	1	8	9
6	9	7	1	4	8	5	3	2
1	2	8	5	3	9	4	6	7

47

9	3	8	2	6	7	4	1	5
2	1	6	9	4	5	7	3	8
4	7	5	8	1	3	6	9	2
3	9	4	5	7	2	8	6	1
7	5	1	3	8	6	2	4	9
6	8	2	1	9	4	5	7	3
8	2	7	6	3	1	9	5	4
1	4	9	7	5	8	3	2	6
5	6	3	4	2	9	1	8	7

48

1	2	7	3	5	4	9	6	8
4	6	8	2	7	9	5	1	3
3	5	9	8	6	1	2	4	7
6	3	5	9	4	8	1	7	2
2	8	4	6	1	7	3	5	9
7	9	1	5	2	3	4	8	6
8	4	6	1	9	2	7	3	5
5	7	2	4	3	6	8	9	1
9	1	3	7	8	5	6	2	4

49

1	3	6	8	7	2	4	9	5
7	8	9	5	3	4	1	6	2
2	4	5	1	6	9	3	8	7
9	1	3	4	8	7	5	2	6
8	7	4	6	2	5	9	1	3
5	6	2	3	9	1	8	7	4
3	2	1	7	5	8	6	4	9
4	5	7	9	1	6	2	3	8
6	9	8	2	4	3	7	5	1

50

4	9	5	7	6	2	1	8	3
2	8	3	5	4	1	6	7	9
1	7	6	3	9	8	2	4	5
7	2	4	1	5	9	3	6	8
9	5	1	6	8	3	7	2	4
3	6	8	2	7	4	5	9	1
5	1	9	4	2	7	8	3	6
8	3	7	9	1	6	4	5	2
6	4	2	8	3	5	9	1	7

51

7	2	8	5	1	3	6	9	4
4	1	5	9	8	6	7	2	3
3	9	6	2	7	4	1	5	8
9	5	7	8	3	1	2	4	6
8	6	3	4	5	2	9	7	1
2	4	1	6	9	7	8	3	5
1	7	2	3	6	5	4	8	9
6	3	9	7	4	8	5	1	2
5	8	4	1	2	9	3	6	7

52

6	8	4	9	5	3	7	2	1
9	1	5	7	4	2	6	8	3
7	2	3	6	8	1	4	5	9
1	5	6	2	3	9	8	4	7
8	7	9	4	6	5	1	3	2
4	3	2	1	7	8	5	9	6
2	9	7	5	1	4	3	6	8
3	4	1	8	9	6	2	7	5
5	6	8	3	2	7	9	1	4

53

5	8	7	9	2	4	6	1	3
6	4	3	5	7	1	2	8	9
1	2	9	6	3	8	4	7	5
7	5	8	4	1	6	9	3	2
4	1	2	3	8	9	7	5	6
3	9	6	7	5	2	8	4	1
2	3	5	8	6	7	1	9	4
9	7	1	2	4	3	5	6	8
8	6	4	1	9	5	3	2	7

54

8	9	4	1	5	3	2	7	6
1	6	2	7	9	4	3	5	8
7	5	3	2	8	6	4	9	1
9	2	7	6	1	5	8	3	4
3	4	5	8	7	2	1	6	9
6	8	1	3	4	9	7	2	5
4	3	6	5	2	8	9	1	7
2	7	9	4	6	1	5	8	3
5	1	8	9	3	7	6	4	2

55

9	6	1	4	7	5	3	8	2
7	5	3	2	1	8	6	4	9
4	2	8	9	6	3	5	1	7
8	1	2	3	5	7	4	9	6
3	9	6	8	2	4	7	5	1
5	4	7	6	9	1	2	3	8
6	8	5	7	4	9	1	2	3
1	7	9	5	3	2	8	6	4
2	3	4	1	8	6	9	7	5

56

1	3	2	6	5	9	4	7	8
5	6	7	1	8	4	3	9	2
8	9	4	3	7	2	1	5	6
7	8	5	2	6	1	9	4	3
9	1	6	7	4	3	8	2	5
4	2	3	5	9	8	6	1	7
3	7	8	9	1	5	2	6	4
2	5	9	4	3	6	7	8	1
6	4	1	8	2	7	5	3	9

57

3	4	2	9	6	8	7	1	5
6	1	8	4	7	5	2	3	9
5	7	9	3	2	1	8	6	4
2	8	4	1	3	9	5	7	6
9	5	7	6	4	2	3	8	1
1	3	6	8	5	7	9	4	2
8	9	3	2	1	4	6	5	7
7	6	1	5	9	3	4	2	8
4	2	5	7	8	6	1	9	3

58

2	3	6	4	9	5	8	1	7
7	9	5	2	1	8	4	3	6
1	8	4	7	3	6	2	9	5
8	4	1	6	7	2	9	5	3
6	5	2	9	4	3	1	7	8
9	7	3	5	8	1	6	2	4
5	6	9	3	2	4	7	8	1
3	2	8	1	6	7	5	4	9
4	1	7	8	5	9	3	6	2

59

8	5	3	7	4	6	1	2	9
6	7	1	9	2	8	3	5	4
2	4	9	1	5	3	8	6	7
9	6	7	8	1	4	5	3	2
4	8	5	3	9	2	6	7	1
3	1	2	6	7	5	4	9	8
1	2	4	5	3	7	9	8	6
5	9	8	2	6	1	7	4	3
7	3	6	4	8	9	2	1	5

60

8	9	5	4	3	2	1	7	6
3	2	1	7	6	5	9	4	8
7	6	4	1	8	9	5	2	3
6	1	9	2	4	8	3	5	7
2	7	8	5	9	3	6	1	4
4	5	3	6	7	1	2	8	9
1	8	6	3	2	7	4	9	5
5	4	7	9	1	6	8	3	2
9	3	2	8	5	4	7	6	1

61

5	4	6	2	7	9	8	3	1
1	2	9	5	3	8	7	4	6
3	7	8	6	4	1	5	2	9
2	3	7	4	6	5	9	1	8
4	6	1	8	9	7	3	5	2
8	9	5	3	1	2	4	6	7
7	5	2	1	8	3	6	9	4
9	1	4	7	5	6	2	8	3
6	8	3	9	2	4	1	7	5

62

2	7	4	9	5	8	1	6	3
8	3	9	6	7	1	5	4	2
1	5	6	4	3	2	7	8	9
3	1	7	2	4	9	6	5	8
5	4	8	3	6	7	2	9	1
9	6	2	8	1	5	4	3	7
4	9	3	7	2	6	8	1	5
6	2	5	1	8	3	9	7	4
7	8	1	5	9	4	3	2	6

63

4	7	8	3	6	1	9	5	2
1	3	2	7	9	5	6	8	4
5	6	9	8	4	2	3	7	1
7	5	4	2	1	3	8	6	9
2	9	3	4	8	6	7	1	5
6	8	1	5	7	9	2	4	3
9	1	7	6	3	4	5	2	8
3	2	6	1	5	8	4	9	7
8	4	5	9	2	7	1	3	6

64

2	3	4	7	5	9	6	1	8
1	9	5	3	8	6	4	7	2
7	6	8	2	4	1	3	5	9
6	1	9	4	7	3	8	2	5
3	5	2	9	6	8	1	4	7
8	4	7	5	1	2	9	6	3
9	7	1	8	2	4	5	3	6
5	8	6	1	3	7	2	9	4
4	2	3	6	9	5	7	8	1

65

9	8	2	5	4	7	6	1	3
5	7	1	9	3	6	4	2	8
4	6	3	2	1	8	7	9	5
8	5	4	1	6	9	2	3	7
3	1	7	4	8	2	5	6	9
2	9	6	3	7	5	1	8	4
1	2	5	7	9	3	8	4	6
7	3	8	6	2	4	9	5	1
6	4	9	8	5	1	3	7	2

66

3	5	8	7	9	4	2	1	6
7	6	4	2	8	1	9	5	3
2	9	1	6	5	3	4	8	7
1	8	9	3	4	5	6	7	2
5	4	2	9	6	7	1	3	8
6	3	7	1	2	8	5	9	4
4	1	3	5	7	6	8	2	9
8	2	5	4	3	9	7	6	1
9	7	6	8	1	2	3	4	5

8	5	2	4	7	3	1	6	9
7	1	9	6	5	8	4	3	2
6	3	4	9	1	2	5	8	7
1	4	6	5	2	7	8	9	3
2	8	5	1	3	9	6	7	4
9	7	3	8	4	6	2	1	5
5	9	8	3	6	4	7	2	1
4	6	7	2	9	1	3	5	8
3	2	1	7	8	5	9	4	6

5	6	7	3	8	9	4	1	2
4	2	3	6	7	1	8	9	5
8	1	9	4	2	5	3	7	6
7	8	2	1	6	4	5	3	9
3	5	4	7	9	2	1	6	8
6	9	1	5	3	8	2	4	7
1	7	5	2	4	6	9	8	3
2	3	8	9	1	7	6	5	4
9	4	6	8	5	3	7	2	1

69

1	2	7	9	8	4	5	6	3
4	3	9	1	6	5	8	2	7
5	6	8	2	3	7	1	4	9
2	8	3	7	9	6	4	1	5
9	1	4	5	2	8	3	7	6
6	7	5	3	4	1	2	9	8
7	4	2	8	5	9	6	3	1
3	5	1	6	7	2	9	8	4
8	9	6	4	1	3	7	5	2

70

9	3	7	4	6	2	8	1	5
5	8	6	3	1	7	9	2	4
2	4	1	8	9	5	6	3	7
6	9	2	1	7	8	5	4	3
1	5	4	2	3	9	7	6	8
3	7	8	5	4	6	2	9	1
7	2	3	9	8	4	1	5	6
4	6	5	7	2	1	3	8	9
8	1	9	6	5	3	4	7	2

71

2	3	6	4	8	5	1	9	7
4	9	1	6	7	3	5	8	2
5	7	8	2	9	1	4	3	6
7	5	3	1	6	2	8	4	9
1	2	9	7	4	8	6	5	3
6	8	4	5	3	9	7	2	1
3	4	2	8	1	6	9	7	5
9	1	7	3	5	4	2	6	8
8	6	5	9	2	7	3	1	4

72

7	8	4	3	6	9	5	2	1
5	2	6	7	8	1	9	3	4
3	9	1	2	5	4	7	8	6
2	1	5	8	3	6	4	7	9
9	6	8	4	7	2	3	1	5
4	7	3	9	1	5	2	6	8
8	5	9	1	2	3	6	4	7
6	3	7	5	4	8	1	9	2
1	4	2	6	9	7	8	5	3

73

1	9	7	2	4	6	5	8	3
4	3	6	8	1	5	9	2	7
2	5	8	3	7	9	1	6	4
5	6	2	7	9	4	8	3	1
9	7	1	6	3	8	2	4	5
3	8	4	1	5	2	6	7	9
7	2	9	5	6	3	4	1	8
8	1	5	4	2	7	3	9	6
6	4	3	9	8	1	7	5	2

74

5	8	1	6	7	2	3	4	9
3	4	7	5	8	9	6	2	1
6	9	2	1	3	4	8	5	7
9	6	4	3	1	7	2	8	5
7	3	5	2	4	8	1	9	6
1	2	8	9	6	5	4	7	3
4	1	9	8	5	6	7	3	2
2	7	3	4	9	1	5	6	8
8	5	6	7	2	3	9	1	4

75

4	2	5	7	8	3	1	6	9
7	1	6	4	2	9	5	3	8
9	3	8	6	1	5	2	7	4
6	7	9	3	5	1	8	4	2
5	8	1	2	4	6	7	9	3
3	4	2	8	9	7	6	1	5
2	6	4	1	3	8	9	5	7
8	5	7	9	6	4	3	2	1
1	9	3	5	7	2	4	8	6

76

8	4	1	6	2	7	5	3	9
2	7	6	3	5	9	8	4	1
5	3	9	4	1	8	2	6	7
1	8	5	2	9	6	3	7	4
6	9	4	8	7	3	1	2	5
3	2	7	5	4	1	9	8	6
4	6	3	1	8	5	7	9	2
9	5	2	7	3	4	6	1	8
7	1	8	9	6	2	4	5	3

77

5	2	1	4	8	6	7	3	9
6	8	3	2	7	9	1	5	4
9	7	4	5	3	1	6	2	8
2	6	7	8	9	5	4	1	3
1	4	9	3	2	7	8	6	5
3	5	8	6	1	4	9	7	2
7	9	5	1	4	3	2	8	6
4	3	2	7	6	8	5	9	1
8	1	6	9	5	2	3	4	7

78

5	9	7	6	4	8	2	1	3
8	1	4	9	2	3	7	6	5
3	6	2	5	7	1	4	9	8
9	4	6	8	3	2	5	7	1
1	8	3	7	9	5	6	2	4
2	7	5	1	6	4	8	3	9
4	5	9	2	1	6	3	8	7
6	3	1	4	8	7	9	5	2
7	2	8	3	5	9	1	4	6

79

9	7	4	2	8	3	5	1	6
1	6	2	5	4	9	7	8	3
5	8	3	1	6	7	9	2	4
7	2	5	9	3	6	8	4	1
3	4	8	7	2	1	6	5	9
6	1	9	8	5	4	2	3	7
8	3	6	4	7	5	1	9	2
4	5	1	6	9	2	3	7	8
2	9	7	3	1	8	4	6	5

80

8	3	4	9	6	2	7	5	1
5	1	6	7	3	4	2	9	8
9	7	2	1	8	5	3	4	6
2	4	7	5	1	6	9	8	3
1	8	5	3	2	9	6	7	4
6	9	3	4	7	8	1	2	5
7	6	8	2	4	1	5	3	9
3	5	1	8	9	7	4	6	2
4	2	9	6	5	3	8	1	7

81

6	5	8	4	9	1	7	2	3
4	1	3	8	2	7	5	6	9
2	7	9	3	6	5	4	8	1
8	2	7	1	5	4	9	3	6
1	9	5	7	3	6	8	4	2
3	4	6	2	8	9	1	7	5
5	6	2	9	4	8	3	1	7
9	8	1	6	7	3	2	5	4
7	3	4	5	1	2	6	9	8

82

6	4	1	7	2	5	9	3	8
5	3	8	6	4	9	1	2	7
7	2	9	3	1	8	6	4	5
9	8	6	2	5	1	3	7	4
1	7	3	8	6	4	2	5	9
4	5	2	9	7	3	8	6	1
2	1	7	4	8	6	5	9	3
3	6	5	1	9	7	4	8	2
8	9	4	5	3	2	7	1	6

83

1	6	7	9	5	8	2	4	3
3	4	8	2	7	6	9	1	5
9	5	2	4	1	3	6	7	8
5	3	6	7	8	1	4	9	2
4	8	9	5	6	2	1	3	7
7	2	1	3	9	4	8	5	6
2	1	4	6	3	5	7	8	9
6	9	3	8	4	7	5	2	1
8	7	5	1	2	9	3	6	4

84

8	2	5	6	3	4	9	1	7
7	4	3	5	1	9	2	8	6
1	9	6	7	8	2	4	3	5
5	1	2	9	6	8	3	7	4
3	6	8	2	4	7	5	9	1
9	7	4	3	5	1	8	6	2
2	3	7	1	9	5	6	4	8
6	8	1	4	2	3	7	5	9
4	5	9	8	7	6	1	2	3

85

6	5	9	1	8	3	7	2	4
1	7	4	6	2	5	8	9	3
8	3	2	9	4	7	5	6	1
3	6	5	2	9	8	1	4	7
9	8	1	4	7	6	3	5	2
2	4	7	5	3	1	9	8	6
7	1	6	8	5	2	4	3	9
4	2	8	3	1	9	6	7	5
5	9	3	7	6	4	2	1	8

86

9	2	1	4	7	5	8	3	6
4	5	6	2	3	8	7	1	9
8	7	3	6	9	1	4	2	5
3	4	8	5	2	6	9	7	1
6	1	5	7	8	9	3	4	2
2	9	7	1	4	3	5	6	8
7	6	2	9	5	4	1	8	3
1	8	9	3	6	7	2	5	4
5	3	4	8	1	2	6	9	7

87

8	7	3	6	1	2	9	4	5
1	6	4	5	8	9	7	2	3
5	2	9	7	4	3	1	6	8
7	9	6	8	2	4	5	3	1
3	1	5	9	6	7	2	8	4
2	4	8	3	5	1	6	7	9
9	3	1	2	7	8	4	5	6
6	8	7	4	9	5	3	1	2
4	5	2	1	3	6	8	9	7

88

9	1	4	6	3	7	8	2	5
8	6	5	9	4	2	3	7	1
3	2	7	1	5	8	9	4	6
7	3	9	4	1	6	2	5	8
2	5	1	3	8	9	4	6	7
6	4	8	7	2	5	1	3	9
1	8	6	2	7	4	5	9	3
4	9	3	5	6	1	7	8	2
5	7	2	8	9	3	6	1	4

89

4	7	3	8	5	2	1	9	6
5	8	9	3	6	1	7	4	2
2	6	1	9	4	7	3	8	5
8	4	6	5	3	9	2	1	7
1	3	7	2	8	4	6	5	9
9	2	5	1	7	6	4	3	8
3	5	4	6	2	8	9	7	1
7	1	2	4	9	5	8	6	3
6	9	8	7	1	3	5	2	4

90

6	8	3	1	2	7	9	5	4
7	9	4	8	3	5	2	6	1
5	2	1	9	4	6	8	3	7
9	7	5	4	6	8	1	2	3
4	1	8	2	7	3	5	9	6
3	6	2	5	1	9	4	7	8
2	5	7	6	8	1	3	4	9
1	4	6	3	9	2	7	8	5
8	3	9	7	5	4	6	1	2

91

2	4	5	7	8	9	6	3	1
9	3	8	2	1	6	4	5	7
1	6	7	4	3	5	8	9	2
7	9	1	5	6	4	2	8	3
5	8	4	9	2	3	1	7	6
3	2	6	1	7	8	9	4	5
4	1	9	6	5	7	3	2	8
6	7	3	8	4	2	5	1	9
8	5	2	3	9	1	7	6	4

92

2	4	8	9	7	1	6	5	3
5	1	9	6	2	3	4	8	7
7	3	6	4	5	8	2	1	9
1	6	2	8	9	7	3	4	5
4	9	7	1	3	5	8	6	2
3	8	5	2	4	6	7	9	1
6	2	1	3	8	9	5	7	4
8	5	3	7	1	4	9	2	6
9	7	4	5	6	2	1	3	8

93

1	7	9	6	3	8	4	5	2
5	8	2	9	7	4	6	3	1
4	3	6	1	2	5	9	8	7
2	1	5	3	8	6	7	9	4
8	6	7	4	9	2	5	1	3
9	4	3	7	5	1	8	2	6
3	2	4	8	6	9	1	7	5
7	9	1	5	4	3	2	6	8
6	5	8	2	1	7	3	4	9

94

2	9	6	7	8	3	5	4	1
8	3	7	4	1	5	2	6	9
1	4	5	2	6	9	3	8	7
9	1	2	6	5	8	7	3	4
3	7	8	9	2	4	1	5	6
6	5	4	3	7	1	9	2	8
4	2	3	8	9	7	6	1	5
7	6	1	5	4	2	8	9	3
5	8	9	1	3	6	4	7	2

95

4	2	1	3	5	6	7	8	9
8	6	3	7	1	9	2	4	5
5	9	7	8	2	4	3	1	6
6	7	2	9	3	1	8	5	4
9	8	4	5	6	2	1	3	7
3	1	5	4	7	8	6	9	2
7	5	9	2	8	3	4	6	1
1	4	8	6	9	7	5	2	3
2	3	6	1	4	5	9	7	8

96

5	6	2	3	9	8	4	7	1
8	3	9	1	7	4	2	5	6
1	4	7	2	6	5	8	3	9
6	9	3	8	5	2	1	4	7
7	2	1	6	4	3	9	8	5
4	5	8	7	1	9	3	6	2
9	7	5	4	3	1	6	2	8
3	8	6	9	2	7	5	1	4
2	1	4	5	8	6	7	9	3

8	3	4	2	1	9	7	5	6
2	6	5	4	3	7	1	9	8
1	9	7	8	5	6	3	4	2
6	2	1	5	4	8	9	7	3
3	4	9	1	7	2	6	8	5
7	5	8	6	9	3	4	2	1
5	7	6	9	2	1	8	3	4
4	1	3	7	8	5	2	6	9
9	8	2	3	6	4	5	1	7

5	1	2	7	9	3	4	8	6
9	7	4	5	8	6	1	3	2
3	8	6	4	1	2	7	5	9
7	3	5	1	4	9	6	2	8
6	4	1	3	2	8	5	9	7
2	9	8	6	5	7	3	4	1
8	6	7	2	3	4	9	1	5
1	2	3	9	6	5	8	7	4
4	5	9	8	7	1	2	6	3

99

1	7	2	5	4	3	8	9	6
6	8	9	2	1	7	5	4	3
5	3	4	8	6	9	7	1	2
2	4	8	1	9	6	3	7	5
9	6	7	4	3	5	1	2	8
3	1	5	7	8	2	9	6	4
4	9	6	3	7	8	2	5	1
7	5	3	6	2	1	4	8	9
8	2	1	9	5	4	6	3	7

100

3	6	1	7	9	4	2	8	5
9	2	8	3	5	1	4	7	6
5	7	4	2	8	6	1	3	9
4	8	2	6	1	9	3	5	7
1	3	9	8	7	5	6	4	2
7	5	6	4	2	3	8	9	1
6	9	3	5	4	2	7	1	8
8	4	5	1	6	7	9	2	3
2	1	7	9	3	8	5	6	4

Su Doku

THE ☙ TIMES
Su Doku